JN408962

시는 꽃이다

시는 꽃이다

남 대 석 제3시집

도서출판 천우

시인의 말

이 詩는 구구절절 인생을
노래하는 꽃의 말이다

이 꽃으로 심신을 도야하고
인생을 향유할 뿐 아니라
자자손손 이어받은
유지를 계승하며
미풍양속을 지향하는
애국애족의 우국충절이다

굳이 이 글을 펼치는 것은
아름다운 꽃을 피워
그윽한 향기를 음미하고
우리가 사는 세상을
살기 좋은 낙원으로 가꾸어
행복을 누리길 기원할
따름이다

2015년 7월

축하의 글

김천우 (시인 · (사)세계문인협회 이사장)

남대석 시인의 시세계는 깊고 수려한 삶의 철학과 진솔하고 담담한 서정의 나래를 꽃자리 펼치듯 아름답게 엮어가고 있다. 아무도 흉내 낼 수 없는 고유 민족의 애환과 정서들이 한 폭의 풍경화를 그리듯 소중한 발자취마다 꽃의 소곡을 들려주고 있다.

이 한 권의 시집은 남대석 시인의 무지갯빛 인생 소야곡인지도 모른다. 읽고 또 읽을 때마다 감동을 안겨주는 언어의 연금술이 사유의 깊은 골짜기를 에워싸는 숲속의 연가가 되어 울린다. 시의 맛과 멋을 잘 우려내고 있어 누가 읽어도 속 깊은 진정성의 참뜻에 동참할 수 있으리라 생각한다.

남대석 시인은 누구보다 순수하고 향토목가적인 성향이 짙은 서정시인이다. 주옥같은 시편들마다 정성과 땀이 배어 있으며 어느 것 하나 소중하지 않은 구절이 없었다. 『시는 꽃이다』 시집에는 시를 사랑하는 거룩한 메시지가 숨어 있어 더욱 빛나는 영혼의 울림을 준다. 간결하면서도 가락이 있는 언어의 향기야말로 시인이 부르고 있는 꽃의 말, 꽃이 전해주는 시의 노래가 아닐까.

요즘 세태는 시의 옷을 화려하고 사치스럽게 치장하지만 남대석 시인은 시편마다 한생을 살아온 숭고한 역사의 숨결이 흐르는 강물처럼 유유히 언어의 강을 건너고 있었다.

그의 시집을 통하여 무념무상의 사선을 넘고 넘어 서정과 낭만, 감성의 세계로 초대하고자 그만의 빛깔로 빚어낸 시의 향연일 것이다. 오동나무는 천년을 늙어도 항시 가락을 지니고 매화는 일생이 춥고 가난해도 향기를 팔지 않듯이, 남대석 시인의 시와 함께 충정심과 기개 있는 선비정신은 한민족의 표상이라 해도 과언이 아니듯 참 반듯하고 단아하게 잘 살아오신 분임에는 틀림이 없다.

이미 시인은 오랜 세월 동안 두보 시인과 이태백의 영향을 받지 않았나 할 정도로 시적 화자의 미학이 작품마다 꽃물들이듯 진홍빛으로 달구어간다. 특히 감성이 뛰어나고 정감을 주는 시 2편을 소개하고자 한다.

시는 가슴에 피는 꽃// 꽃은 고와야 하고/ 향기가 그윽하면/ 더욱 곱다// 시는 하찮은 게 아니다/ 가슴으로 부르는/ 영혼의 노래// 시는 외롭지 않다/ 모든 사람들이/ 교감交感할수록// 더욱 곱디고운 꽃이/ 피어나니까(「시詩는 꽃이다」 전문)

굽이굽이 능선에 에워싸인/ 산자락의 계곡에는/ 먼산 진달래꽃 만발하고// 바위틈에 고인 물/ 졸졸졸 흐르고 흐른다// 바람 타고 춤추는 숲 속의/ 풍경소리 고와라// 저 산 넘어오는 까투리 부르는/ 장끼 소리 흥겹고 정겹다// 봄의 정취에 흠뻑 젖어/ 춘삼월 계곡 거닐며/ 희롱거리다니// 노을 진 하늘에 뻐꾸기 소리/ 뻐꾹뻐꾹// 푸른 둥지를 찾아다니며/ 어서 가자고 나를 부른다(「계곡의 서정」 전문)

한세상 살아가면서 청운의 큰 뜻을 전하고 애국하는 충절의 시혼을 불사르는 올곧은 정신세계야말로 이 한 권의 시집을 통하여 지상낙원을 꿈꾸는 모든 이들에게 가슴 따뜻한 선물이 되기를 진심으로 기원하는 바이다. 시집 상재를 진심으로 축하하며 시편을 접할 때마다 사시사철 꽃피고 새 노래하는 무릉도원이 되기를 기원하는 바이다.

제1부

가꾸어 온 낙원

제2부

꽃보다 고운 꽃

제3부

계곡의 서정

제4부

다락의 홍시

제5부

전원의 고별

제1부

가꾸어 온 낙원

시詩는 꽃이다

시는 가슴에 피는 꽃

꽃은 고와야 하고
향기가 그윽하면
더욱 곱다

시는 하찮은 게 아니다
가슴으로 부르는
영혼의 노래

시는 외롭지 않다
모든 사람들이
교감交感할수록

더욱 곱디고운 꽃이
피어나니까

영혼의 유랑

초가집 추녀 끝에 대롱대롱 고드름
아침 햇살에 눈물 짓는다

뚝뚝뚝 흘린 눈물 홈 파더니
물방울 일구어 속절없이
떠내려간다

내 눈길 방울 따라 떠내려간다
내 마음 물방울 타고
동동 떠간다

개울이 되고 강물이 되어
바다로 바다로
흘러갈 거다

냇가의 봄

땅속 모닥불 피어오르니
아지랑이 하늘 높이
날아오르고

눈 녹은 시냇물 졸졸 흐르니
송사리 떼 모여와
놀고 있구나

솔솔솔 불어오는 산들바람
초목들 흥에 겨워
춤을 추는데

갯버들 새 잎에 맺힌 이슬
솟아오른 햇볕에
반짝거리고

불어주는 버들피리 소리에
버들강아지
실눈 뜬다

가슴엔 꽃 피고

마음의 문 열고
행복의 씨앗을 심어보자
정성을 다하여 꽃 피우자

가슴에 핀 꽃으로
마음을 닦고
꽃을 가꾸는 마음으로
허울 벗고

그윽한 향기로 복을 누리자
냇물은 흘러 흘러서
여울이 지고

인생은 흘러서 노을이 져도
가슴엔 꽃이 피고
가슴엔 꽃 진다

난초

새싹 움트는 여린 몸으로
세상사 살피고

양지바른 곳 찾아
살림을 꾸리는
어여쁜 난초

눈 녹은 물 마시고
연둣빛 새싹
파랗게 자란다

싱그러운 꽃받침 살며시
내려놓고

새파란 꽃대 위에
봄 향기 그윽하게
꽃을 피운다

누구를 보이려나

동강 난 토끼

대륙에 매달린 토끼 한 마리
열강들 틈새에
동강이 났다

반신불수가 된 아침의 나라
목 졸려 숨이 차
신음하고

동강 난 반쪽은 발목 잡히어
헤어나지 못한 채
버둥거린다

불쌍하고 가련한 토끼 한 마리
동강 난 상처는
깊어져 가는데

제정신 못 차린 상처 난 토끼
언제나 그 아픔
곱게 아물까

가뭄

타는 듯한 가뭄으로 들녘은
생몸살 앓는다

메마른 들녘의 오곡백과
뜨거운 햇살에
사위어지고

짐승들 혓바닥 내밀고
헐떡거리며
거품을 뿜는데

구름 한 점 없는 뙤약볕에
드넓은 들녘은
메말라 가는데

단비를 기다리는 이내 마음도
새까맣게
타들어 가는구나

수몰이 된 보금자리

— 안동댐에서

자자손손 누려오던
유서 깊은 보금자리
수몰이 되어
폐허가 되니

북받치는 설움 달래려고
태공이 되어서
세월을 낚고

분주히 떠다니는 나룻배
강 건너 갯마을
시름 실어 나르고

낙동강 칠백 리 감도는 물은
한 맺힌 설움의
눈물 씻어 흐른다

가꾸어 온 낙원

에워싼 청산은 만고의 병풍이고
기름진 옥토는 피땀의 보람이다

능금꽃 화사하게 피어나면
벌들이 찾아와 열매를 맺는데

가뭄엔 비구름 단비를 뿌리고
치솟은 태양은 열매를 가꾸니

새들이 날아와 부르는 노래에
풍성한 수확의 꿈이 깃든다

다듬는 일터는 체력 증진의 도장이고
심신을 도야陶冶하는 성찰의 전당

고독할 때마다 사색의 샘물이 솟아
진주보다 귀한 글이 떠오르고

시심의 터전 저작의 길이 열려
여생 즐기는 낙원 되리라

부평초

가다가 가다가 보면
삶의 흔적을 뒤돌아볼 때 있고

살다가 살다가 보면
부귀영화 누릴 때 있다

까맣게 타버린 빛바랜 추억이
떠오를 때 있고

얼마나 허우적거리며
살아왔는가! 하고
한숨 짓는 때도 있다

바람 불고 물결치는 대로
부평초같이
떠돌다보면

다시 못 올 심산유곡으로
훌쩍 떠나야 하는
인생무상의
쓸쓸한 때가 있다

다시 보자 한강수야

6 · 25 사변으로 으스러진
한강교 지나는데
강물은 모퉁이에 웅덩이가 되고
드넓은 모래사장 입구에
'잠깐만 참으세요' 라는 글귀가
또렷이 쳐다보고 있다

무엇을 참으라는 말일까?

다리를 건너며 생각하다니
'가노라 삼각산아 다시 보자 한강수야
고국산천을 떠나고자 하랴마는
시절이 하 수상하니
올 둥 말 둥 하여라' 라는
옛 시조 한 수가 떠오른다

세월은 흘러 흘러 흘러
특급 열차를 타고 한강 철교를
지나는데

6 · 25 동란의 상처는 아물어 가고
강물이 흘러 유람선이 뜨고
천지가 개벽하여
웅장한 건물들이 하늘에 치솟아
부귀영화를 누비고 있구나

전원의 봄소식

백설이 난분분하여 전원에
소복소복 쌓이는데
앙상한 나뭇가지마다
눈꽃이 만발하고

눈 덮은 대지는 포근히
잠들었는데
남녘의 훈풍 불어와
눈꽃은 아스러지고

하늘에 치솟은 햇살에
대지엔 새싹이 돋고
계곡에 고인 물이
졸졸졸 흐르니

나뭇가지마다 움트는데
앞산 뻐꾸기 뻐꾹, 뻑뻐꾹
새봄을 알린다

산의 당부

산이 날 에워싸고 사과나 가꾸며
오붓한 살림을
꾸리잔다

산이 날 에워싸고 부평초처럼
떠돌지 말고
청산에 머무르잔다

산이 날 에워싸고 낙락장송이 되어
고매한 기품으로
살아가잔다

산이 날 에워싸고 저녁노을처럼
어여쁜 마무리
하잔다

이발사

단골 이발소에는 언제나 대만원인데
기다리는 한두 시간
여삼추다

차례가 되어 거울 앞에 앉은 내 모습
희로애락의 세월
켜켜이 묻어나는구나

스르르 잠들어 비몽사몽간에
머리카락 자르는 소리
사각사각 선잠 깨운다

부시시 눈 뜨고 거울을 바라보니
새파랗게 날 세운
무서운 칼날의 섬광

목덜미와 얼굴을 스쳤는데도
달인의 솜씨에
멀쩡하구나

비수가 난무하는 험난한 세상 속에
무사무려하게
지낼 수 있으니

애타게 고대하던 태평성대가
점점 가까이 다가
오는가 보다

심야의 불빛

마음이 스산한 어두운 밤에
병실의 신음소리 끊이잖아
문밖을 내다보니

밝혀주던 가로등은 소등이 되고
병원 부근은
칠흙같이 어두운데

저 멀리 보이는 고대광실에는
무슨 행복 누리는지
스며 나오는
은연한 불빛이

사생의 기로인 심란한 마음을
아스러지도록
슬프게 하는구나

인생 애환哀歡

청운의 부푼 꿈 가슴에 안고
행복을 누리려 애써 왔지만

공들인 꿈들은 허망해지고
고뇌와 번뇌 속에 찌들어진다

잘 살아보려고 다짐했건만
고해의 가시밭길 헤치지 못하고

상부상조하고 정다웁게 살았지만
인지상정 냉혹하여 자그락거리는구나

이 세상 아무리 갈고닦아도
세속에 융합하니 막을 수 없고

인연을 다지며 살아왔어도
세월은 유수처럼 흘러만 가고

인생은 속절없이 저물어가네

하늘공원

까마득한 층계를 허우적거리며
하늘공원 오르니
갈바람이 옷깃을 팔랑팔랑
흔들어주고

바람결에 일렁이는 갈대들
하늘 쳐다보며
간드러지게 웃는다

하늘 위 하늘에는 뭉게구름
두둥실 뜨고

하늘 가득 우거진 갈대밭에는
짝지은 원앙들
술래잡기하는구나

은빛 찬란한 억새 꽃길 거닐며
희롱거리다니

아내가 부르는 경쾌한 콧노래에
흔쾌해진 이내 마음
하늘가에 번져가네

대마도 답사

남북으로 뻗은 대마도 답사하니
자욱마다 펼쳐 있는
우리 사적의 비碑가
오롯하게 늘어섰구나

조선왕조 사적인 덕혜옹주의 비가
시름에 겨운 한숨 짓고
최익현 선생의 암운이
서리었는데

대마도를 정벌한 이종무 장군의
우렁찬 호령소리가
들린 듯하고

우리 문물을 오붓이 전해주던
통신사 비가 우뚝 솟아
세월을 살핀다

산마루 전망대 허겁지겁 오르니
드넓은 바다에는
그림 같은 섬들이 겹겹이
수繡를 놓는데

마주 보이는 부산은 이웃을 빼앗긴
한 맺힌 설움의
눈물 머금는데

우리 선조가 정벌하여 머무르던
대마도는 우리 땅이라고
목이 메이고
억장이 무너지도록
외쳐보고 싶구나

세월의 소리

대대로 이어받은 미풍양속 지양한데
맑아야 할 세월의 풍상
거칠어져 가는구나

인지상정 아랑곳없이 떡값, 관례, 대가로
시끌벅적하다가
쥐도 새도 모르게
사라져버리고

낙향, 낙마로 오리무중이다

거리에 부는 바람은 혼탁하여
구천으로 가는 목숨들
한을 토하고 얼룩지는데

공명정대하고 명명백백하게
살고 싶어라

제2부

꽃보다 고운 꽃

오솔길

할아버지 신으시던 나막신 자국
아버지 검정 고무신
지워드렸고

아버지 신으시던 고무신 자국
내가 신은 운동화로
지워드리는데

내가 남길 발자국은
그 누가 지울꼬

무상하여라
대를 이어 살아가는
한 세상

그리운 소꿉친구

사금파리 주워 모아
소꿉놀이 하던 또래

엄마 되고 아빠 되고
누이 되고 아우 되어

흙으로 밥을 짓고
풀잎으로 국을 끓여

밥상 차려 둘러앉아
얼굴 마주 쳐다보며
깔깔깔깔 웃던 또래

그 눈빛 그 홍안은
꿈에도 생생한데

지금은 어느 고을
할미꽃 되었을꼬

그리운 할머니

우리 어매 층층시하 어르신
봉양할 제

씻어주고 먹여주고 빌어주신
우리 할매 그리워라

모깃불 연기 자욱한 마당의
멍석에 앉은 할머니
무릎 베고 누워

밤하늘 바라보니 천국이
따로 없구나

밤이 이슥하도록 옛날 이야기
들려주신 보고 싶은
우리 할머니

그 시절 차마 못 잊어 할머니 모습
가슴 깊숙이 고이고이
담아둡니다

그림자

해가 뜨나 달이 뜨나

따르는 그림자

힘에 겨운가

속이 상하는가

포근한 잠자리는

무슨 사연으로

따르지 않나

울 밑의 난초

홍진에 찌들지 않은
말끔한 옥토에
뿌리를 내린다

돋아나오는
청초한 잎새가
영롱한 이슬 머금고

곧은 꽃대 위에
고결한 기품으로

그 누구도 넘보지 못할
지고지양한
꽃을 피운다

성인군자가 되려나 보다

염원

아득한 수평선에 해야 솟아라
어둠을 밝혀주는
해야 솟아라

저 멀리 지평선에 해야 솟아라
오곡백과 무르익을
해야 솟아라

산과 들에도 해야 솟아라
불행과 가난을 몰아내는
해야 솟아라

삼천리 방방곡곡에 해야 솟아라
행복을 누리게 할
해야 솟아라

해야 해야 해야 솟아라
평화통일 이룩하는
해야 솟아라

무지개 다리

청명한 하늘에 남북을 잇는
무지개 다리
중천에 솟았네

남남북녀가 허울 벗고
무지개 다리 타고 오른다

상봉의 감격에 벅찬 원앙은
남과 북이 마주 보고
총부리 겨누는

참담한 모습 보는 원앙은
두 동강 난 조국에
한이 서리어

남북을 오가는 무지개 다리
세월이 가도
끊이잖게

하늘에 단단히 달아 놓는다

과목果木의 단장

추수가 끝나면 농한기라지만
새해의 먹음직한
과일을 바라자니

겨우내 전지剪枝를 마쳐야 하니
엄동설한에도
쉴 날이 없구나

정성껏 전지를 다하고 보니
툭툭 잘려나간 가지는
쓸모가 없는데

말끔히 단장된 과목의 모습
수려한 풍경 참으로
싱그럽고 깔끔하다

푸른 기상은 아득한 하늘
끝으로 펼쳐지누나

무더위

무더위 기승부리는 텁텁한 날
시원한 바람 들이켜니
가슴이 후련하다

바람 타고 춤추는 오곡백과
싱그러운 향기가
코를 메우고

검은 구름이 머리 위로 날아와
햇볕을 가리고
그늘을 지운다

녹음이 짙어지는 그늘에
팔베개 베고 누워
더위를 누그리니

시원해진 몸은 활개를 치고
찌뿌드드한 간장肝腸은
후련하구나
무더윈 구름 속에 숨어 버리고

노파老婆

우러른 하늘과 세상을 등에 업고
지팡이에 몸을 의지한
꼬부랑 할머니

삶의 무게가 너무 무거워
뿜어나는 한숨에
한恨을 토하고

살아온 자취마다
흔적을 남기느라
회한의 땀 흘리며
무거운 발걸음 옮긴다

어디로 가서 무엇을 할거나
땅만 보고 가는 걸음
측은하구나

영롱한 달밤

광활한 황금 들녘 달빛 아래 영롱한데
곱게 단장한 여인의 옷자락
나비처럼 폴폴 난다

속삭이는 목소리엔 옥소리 구르고
소슬바람 불어오는
황금들녘에

철썩이는 파도 소리 들려오는데
풀벌레 소리에 장단 맞추니
애수의 소야곡이
울리는구나

꿈에도 잊지 못할 영롱한 달밤
가슴에 고이 품어
두고두고 새겨야지

폭포

높은 낭떠러지의 거센 물줄기
두려움 모르고

고매한 기품으로 굉음을 토하며
주야장천 쏟아진다

무슨 한이 맺혔는지
으스러지는 몸은 아랑곳없이

바위에 부딪혀
산산조각으로 부서지는구나

몸은 부서져도 뜻은 굽히지 않는
고매한 선비가 되려나

바스러지게 부서진 조각이 여울져
콸콸 흐른다

어디로 가서 무엇을 할거나
흐르는 저 폭포수야

사랑을 말로 하나

백년해로 기약하고 오순도순
살다 보면

미운 정 고운 정 어언간
쌓이고 쌓여
흉허물 묻혀지고

마주보는 눈빛으로
사랑의 향기 전해오고
행복이 스며들 때

가슴속 깊은 사랑
헤아리고 남을진대
사랑을 말로 하나

이 몸이 으스러지도록
천하일색으로
당신만을 사랑하리라

하늘의 분노

만고의 빙설이 녹아내리고
지진은 세상을 들먹이는데
해일이 도시를 휩쓸어간다

철 지난 우박이 쏟아지고
때 아닌 서리는 돋는 새싹을
으스러뜨리고

사철의 분별은 오락가락하는구나

기후의 변화와 핵물질 유출로
인간 세상은 크나큰
재앙을 피할 길 없는데

내려다보는 하늘은
'인간이 저지른 업業이다' 하고
두 눈을 부라리며
호통 치는 소리

하늘과 땅을 울렁인다

꽃보다 고운 꽃

수술 눈앞에 둔 마음 허허로운 날
사랑하는 자녀들이 모여와
벚꽃 구경 가잔다

벚꽃 찾아 이리저리 헤매다니
길모퉁이에 만발한 벚꽃
송이송이마다

고운 맵시로 흐드러지게 피어 있구나

자녀들은 꽃을 보고 희희낙락하는데
심란한 내 마음엔
꽃은 아스러지고

꽃보다 어여쁜 자녀들 웃음꽃
만고불변의 사랑꽃으로
물들어 가네

초로인생初老人生

만물의 영장이라 유인이 최귀한데
이상은 천국이요
사는 땅 구천이라

우리 인생 하나같이 행복 추구할진대
인지상정 냉혹하여
시시비비하는구나

희로애락 윤회한다 고해라 하여야나
고진감래라 한들
쌓인 번뇌 씻으려나

할 일은 태산이고 갈 길은 아득한데
찾아드는 호호백발
초로인생 웬 말인가

마음은 젊디젊은 청춘인데

흐르는 세월

무심히 흐르는 세월에
푹 빠진다

이 몸이 얼마나 부서져야
헤어날 수 있을까

무거운 짐 내려놓고
홍진의 때 씻어놓아도

떠오를 줄 모른다

가는 세월 붙잡고 애원해도
아랑곳하지 않고

덧없는 세월은 속절없이
흘러만 가는구나

예천의 회룡포

미로 같은 산길 따라
회룡포 전망대 오르니

내성천이 감돌아 흐르는
황금빛 들녘은
황홀하기 그지없고

회룡포 강변길에는
면사포 입은 원앙이
폴폴 나는데

백사장과 아우러진
육지 속의 섬마을

빼어난 경관을 자아내는
한 폭의 그림같이
아름답구나

동백공원

한려수도 해저를 뚫고 지나는
부산과 거제를 잇는
가적터널은
심산유곡으로 가는
지름길이다

야경이 현란한 가적대교의 주탑은
밝은 미래를 지향하는
희망의 등불이 되고

다누비 열차를 타고 간 동백섬에는
동백꽃망울이 봄을 부르는데
광활한 동해바다가
아스라이 펼쳐지는데

순환도로 따라 산마루에 오르니
최치원 선생의 시비가
세월을 읊는다

바라보이는 해운대 해수욕장은
하늘에 치솟은
호텔에 가리어 동강이 나고

해 저문 어둠이 앞길을 막는데
가적대교의 영롱한 불빛이
어둠을 밝혀주는구나

주왕산 주산지

주왕산 주산지의 잔잔한 호수에
곱게 단풍이 든
산그림자 어리는데

잉어 떼 유영하는 풍광은
더없이 아름다운
경관이구나

호수에 비치는 울렁거리는
내 모습에
혼을 팔고 있는데

서산에 지는 노을이
더욱 곱게 물들이더니

산 넘어 가는 해는
그림자를 거두어 가고

풍광명미는 가슴에 남는다

제3부

계곡의 서정

돌팔매

또래들과 강가에 모여
누구 돌이 멀리 가나
돌팔매 던진다

납작한 돌 주워 모아
물 위에 동동 뜨는
돌팔매 던진다

동그라미 멀리 퍼지는
돌팔매 던진다

어린 시절 즐겨 놀던
그림 같은 추억들이
눈앞에 아롱거린다

연자방아

힘센 황소가 끌어당기는
무거운 연자는
굴러가는데

짓눌린 보리는 견디지 못하고
연자 밖으로
흩어지는데

흩어진 보리를 담아 넣으려
우리 어매 지친 얼굴엔
땀방울이 흐르는구나

연자를 굴리는 황소도
흰 거품 뿜으며
헐떡거리고

소 몰다 지쳤던 소싯적
연자방아 찧던 때가
눈에 선하다

원두막 할아버지

으스름 달밤 참외서리 갔더니
원두막 할아버지
세월아 네월아
코 골며 잠들었네

참외밭 부리나케 더듬다가
부스럭 소리에 놀라
잠 깨신 할아버지

우리를 붙잡아 호통치지 않으시고
장난이 심하다며 고이
타이르신다

유수 같은 세월은 싸늘해지는데
인정 많고 후덕하던
그때 그 시절이
아쉬워지는구나

붓꽃망울

청초한 냇가에 칼날 같은 새싹들
떨기로 나와

꼿꼿한 꽃대 위에 뾰족한 꽃망울
곧추세운다

몸은 부서져도 뜻은 굽히지 않는
고매한 선비가 되려나

위대한 예술은 세월이 흘러가도
변함이 없다니

일필휘지를 남기려는가
굽힐 줄 모르고
애꿎은 하늘만
쳐다보고 있구나

나팔꽃

안개성으로 덮인 이른 아침
울타리 타고 오른
나팔꽃 덩굴에
맺힌 꽃봉오리 어여쁘구나

햇살이 모여드는 시간
꽃이 피어 곤히 잠든 이 몸
천사의 나팔 불며
흔들어 깨운다

창공에 돋는 눈부신 햇살 두려워
무더운 한낮 고개를
떨구고 있네

그리도 왕성하게 자라
아침에 피었다가
해그름에 지고 마는
나팔꽃 연가

탕湯 안에 핀 꽃

제 몸 하나 못 가누는 늙으신 노인
천진난만한 손자들이
탕 안으로 모신다

탕 안에 든 노인은 흐뭇한 모습으로
귀엽고 어여쁜
손자들 내다본다

손자들이 노인을 모시고 나와
불은 때를 씻어드리니
노인은 시원해 하시는구나

그 모습 바라보니 아름답기 그지없다
이보다 더 고운 꽃
세상에 어디 있나

내리사랑 치사랑인 것을

녹슨 철마

북녘 하늘 바라보며 멈춘 철마야
무슨 설움 그리 많아
피눈물 흘렸나

헤어진 부모형제 기다리다
애가 타고 애가 타서
피눈물 흘렸나

가로막힌 철벽이 천추의 한이 되어
겨레 염원 기원하다가
피눈물 흘렸구나

녹슨 철마는 굴러갈 수 없는데
멈춘 기적소리 목 메이게
울려보아라

행여나, 기다리던 부모형제
만날 수 있을런지

계곡의 서정

굽이굽이 능선에 에워싸인
산자락의 계곡에는
먼 산 진달래꽃 만발하고

바위틈에 고인 물
졸졸졸 흐르고 흐른다

바람 타고 춤추는 숲 속의
풍경소리 고와라

저 산 넘어오는 까투리 부르는
장끼 소리 흥겹고 정겹다

봄의 정취에 흠뻑 젖어
춘삼월 계곡 거닐며
희롱거리다니

노을 진 하늘에 뻐꾸기 소리
뻐꾹뻐꾹

푸른 둥지를 찾아다니며
어서 가자고 나를 부른다

사람의 속

팽이는 맞아야 돌고
맞지 않으면 쓰러지는데

사람이 맞는 매는
약이 되고 병이 된다

길이는 자로 재고
무게는 저울로 달면
알 수 있고

물은 건너보면 아는데

사람의 마음은 해가 뜨고
달이 떠도
어둡다

신호등

길 건너 신호등 불빛
반짝반짝거린다
노란불
빨간불
파란불을 기다리는 마음
하염없구나

인생살이 고달프다
그 누가 말했나
빨간불이 반짝이는데도
달려가련다

한 치 앞 먼저 가려다
생과 사가 넘나드는
빨간불은

저승사자의 신호등인 것을

수술실에서

생과 사가 오가는 수술실
근심 걱정 가득한 가족들
형형색색 스쳐가네

열고 든 철문 안은
칠흑처럼 캄캄한데
하늘과 땅도 보이지 않는구나

천장에 쏟아지는 별들이
아물거리고

허깨비 소리 귓가에 맴돌더니
알 수 없는 또 다른 세상
이승의 끝자리에 맴돈다

여기가 천국인가 지옥인가
정신은 몽롱하여 무아경에 빠진다
이것이 사별인가

주마등처럼 스쳐 가는
한 많은 인생사에
목 메이는 이내 심사

시 한 편으로 써내려가니
살아 있어 고마운 마음

우러르는 천지신명天地神明께
두 손을 꼭 잡는다

맺어진 인연

별들이 옹기종기 빛나는 하늘에는
눈썹 같은 달님이
어둠을 밝히고

은하수 마주한 견우직녀
칠석날 오기만 오매불망
기다리는데

사람이 사는 넓은 세상에는
해님이 환한 마음의
등불이 되고

하늘을 우러러 살아가는 사람은
곱게 맺어진 인연으로
청실홍실 살아가는구나

대합실

쉬어가는 정거장 나그네 대합실
오가는 길손마다 숱한 사연을
가슴에 가득 안고

만남과 작별이 교차하는 대합실
떠나보내는 설움과
맞이하는 반가움이
넘나든다

오고 가는 기적소리 구성지게
철길 따라 메아리치고

길손 떠난 허전한 대합실 빈 의자
허공을 가르는 시계소리
똑딱똑딱

누구를 기다리는고

청풍명월

— 충북 제천 소재

남한강 물길 따라 오솔길 따라
가다가보니
유유자적하는 천고불후의
문화재 단지에는

세세연년 뿌리내린 선조들의
얼이 깃들어
바라보는 마음이
숙연해지는데

마주 보이는 기암절벽에
맑은 물소리 구르고
비단을 깐 듯한
계곡을 지나

망원루 전망대 오르니
푸른 하늘과 아우러진
청초한 산이 품은
청풍호의 경관에

숙연하던 마음은 사그라지고
바라보는 풍광명미는
가슴을 설레이는구나

술친구

여보게 오랜만일세
'대포 한잔하시게' 하고
잡은 손 끈다

주막집 탁자에 마주 앉아
막걸리 술잔 주거니 받거니
이런들 어떠하리
저런들 어떠하리

오가는 술잔에
술기운 얼그레 할 제
털어놓은 넋두리마다
반가움에 마신다

선술집이 떠나가도록
깔깔깔 웃던 그 시절이
엊그제 같은데

무심한 세월은 잡을 길 없구나
곤드레만드레 취하도록
마셔보세 친구야

이 밤을 지새우고
저 달이 질 때까지

하늘을 보며

전원에 창연蒼然한 황혼이 질 제
끝없이 먼 하늘을
바라다본다

보름달 하늘의 등불이 되고
별들이 옹기종기
모여 노는데

은하수 마주한 견우직녀는
오순도순 정답게
놀고 있구나

한 세상 스쳐갈 애달픈 인생은
속절없이 흐르는
세월을 타고

덧없는 인생에 한이 서리어
북받치는 설움을
달래지 못해

아스라한 하늘을 바라다보며
한 많은 세월을
더듬어본다

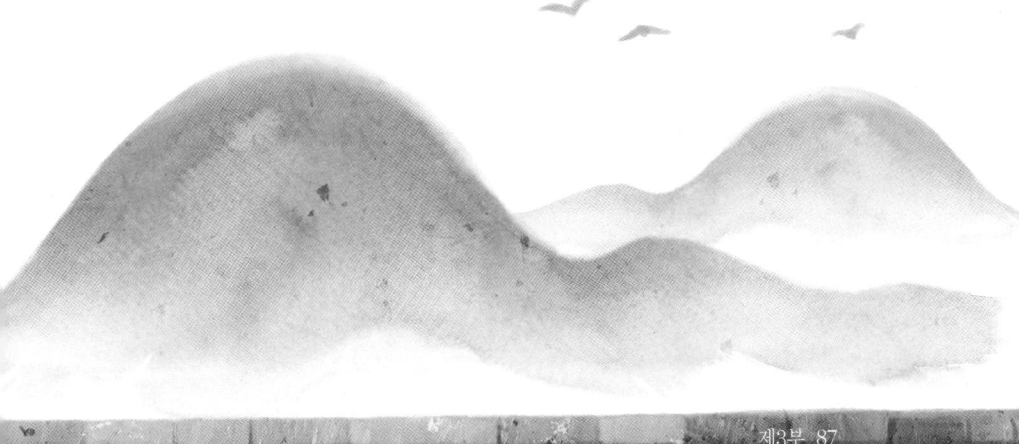

단종애사

청룡포 감도는 물에는
유배된 설움의
한恨 씻어 흐르고

울창한 송림의 관음송에는
단종이 타고 앉아
노닐 듯하다

사약 받은 죽임의 광풍헌에는
토해놓은 핏물이
어리었고

시신 모신 장릉의 소나무는
머리 숙여 겸허히
애도하는데

명복을 빌며 배례하다니
설움에 북받치는
단종의 애처로운 모습이
눈에 선하다

설악산 울산바위

삐거덕거리는 쇠사다리를 가슴 조이며
울산바위 오르니

삼라만상은 자욱한 안개 속에 잠들고
너럭바위에 덥석 누워
한숨 쉬다니

눈이 부시도록 밝은 태양이 안개 뚫고
불쑥 솟아오르고 드넓은 광야가
눈앞에 펼쳐지는데

동녘을 바라보니 우거진 숲 사이로
속초시가 물 위에
동동 뜨고

바라보이는 인제와 원통으로
가는 길이
흙빛을 토하는구나

저 멀리 보인다는 북녘의 별장은
장벽이 막아 보이지 않고

서쪽에는 용틀임치는 장엄한 능선이
위용을 떨치는데

남녘을 건너 보니 등산객이 조난당한
처참한 모습이 눈에 어리어
흥겹던 마음은 수그러지는데

처제가 걸어주는 울산바위 오른 기념메달에
수그러진 마음은 사그라지고
경쾌한 발걸음으로
흔들바위 찾는다

그리움

소슬바람 스며드는 가을이 오니
새파랗던 녹음도
사위어지고

창밖엔 귀뚜라미 구슬피 우는데
가슴엔 그리움이
사무치구나

아스라이 비치는 달빛 아래
함께 거닐던 임아

이내 몸 까맣게 잊어버렸나
그때 그 시절은
즐거웠는데

아무리 잊으려도 미련이 남아
이 한 밤 지새도록
애간장 태운다

제4부

다락의 홍시

다락의 홍시

다락에 얹어둔 감이
무르익은 홍시가 되도록 기다리자니
까마득하구나

어두운 다락에 올라
몰랑한 홍시가 더듬어질 때

소싯적 만지작거리던
넉넉한 어머니 젖가슴이
따슨 손끝에 와 닿는다

할아버지께 감 홍시를 드릴 제
군침이 나는데

'너도 먹어라' 하시던 다정한 말씀
아직도 귀에 쟁쟁

먼—
메아리처럼 들린 듯하다

난蘭의 애도

사경을 헤매다가
재생의 문을 여니
하루가 여삼추라

세월을 낚으려
난을 벗 삼아
소일하는데

애지중지 가꾸던 난이
엄동설한에
동사를 하였구나

이별 설움 못 잊어
돌이켜보니
모은 공 한이 없고
기른 정 끝없는데

은연하고 고고한 향기가
아직도 코를 메운다

동네 우물

마을 우물에는 해맑은 물이
언제나 가득히
고이는데

들여다보는 사람의 얼굴이
비추어지는
거울이 되고

두레박으로 물동이에 담아와
온 집안 사람들의
식수로 쓰인다

삼삼오오 우물에 모여 빨래할 때는
동네 아낙네 수다 떠는
사랑방 같은 쉼터가 되고

무더운 여름에는 시원하게
목물을 하고
세수도 하자니

동네 사람이 수시로 만나는
만남의 광장이 된다

밤길

인적 없는 산길 타박타박 걷는다
까마득한 철교를 지나
개울물 굽이치는
실개천 건넌다

무서운 전설이 떠도는 외진 밤길
호랑이 굴이 보이고
도깨비에 홀린다는 옛 얘기

소름 끼치는 밤길은 언제나
으스스하다

가랑잎 부스럭 소리에 놀라고
산짐승 울음소리에 놀라
기절초풍하는데

식은땀 흘리며 동구밖 들어서니
마중 나온 부모형제
초롱불이 반짝인다

목마를 타고

어린 손자 돌봐 주려
목마를 함께 탔다

울렁울렁 빙글빙글
목마는 달리는데

아득한 옛날의 자상하신
할머니 생각에

달리는 목마를
할매인 줄 알고

이랴 어서 가자
목마 등 두들기니

신이 난 손자
뒤돌아보지 않고
할애비 가슴 두들긴다

백설에 묻힌 세상

삭풍이 불어오는 엄동설한에
찢어진 문풍지가
구슬피 운다

그 울음소리가 너무 애절해
찢어진 문틈으로
문밖을 내다보니

흰 눈이 내려놓은 겨울 나무
새하얀 눈꽃으로
단장을 하고

백설에 묻혀진 대지를 바라보니
포근한 원앙금침을 덮고
곤히 잠든데

아스라한 창공의 수많은 잔별은
은하계에 반짝거리고

둥근 달님은 삼라만상을
내려다보며
세상 시름 포근히 감싸주네

꿈속의 영산

겨레 영산 백두대간은
줄기마다 넘실넘실
위풍이 당당하고

청담수 출렁이는 천지는
해묵은 산천어가
위용을 떨치는데

꽃바람 타고 간 이 몸은
분단된 조국에
한이 서리는데

찾아온 남녘의 훈풍이
포근한 품에 안고

다정한 보금자리로
데려다 주는구나

그리운 친구야

부모님 여의고 고향 떠난 친구야
지금은 무엇을 낙으로
한 세상 살아가는가

덧없는 세월은 유수처럼 흐르는데
가꾸어 온 꿈 부디 잊지 말게나
그립고 그리운 친구야

서로 돕고 의지하며 정답게 살아온
죽마고우가 아니던가

심심산곡에 새들도 모여서
즐거이 지저귀는 고향 산천

가슴 깊이 사무친 그리움
얼싸안고 웃어나 보세

삶의 깊은 골이 굳어지기 전에

임 가시는 길에

— 벗 화산華山의 부인 상고시喪故時 읊은 조시

겸허한 마음으로 향불을 피웁니다
천년만년 맺은 인연은 어찌하라고
이리도 훌쩍 떠나가시나이까

한생을 가꾸어 온 사랑 열매와
곱게 누리던 행복의 둥지를 떠나
영영 버리려 하시옵니까

임 가시는 자국마다 고여 있는
이승의 아름다웠던 사연을
고이고이 새겨주소서

임 가시는 서러운 길목마다
애수의 향불을 피웁니다

임이시여 임이시여
이승 떠나는 길 부디 그때는
극락왕생하옵소서

철 이른 폭설

봄을 애타게 기다리는 마음
아스러지게 하는
함박눈 쏟아져

산간지방의 오붓한 보금자리
아수라장으로
만들었다

기아선상에 헤매는 주민들은
꿈과 희망을 잃고
망연자실한데

군, 관, 민의 피해 복구로
아비규환의 참상을
모면했구나

기다리던 봄은 어김없이 찾아와
산과 들에는 신비로운
새싹 돋아나니

시름에 겨운 주민들의 설움은
눈 녹듯이 잦아지고

애절한 가슴엔 희망의 샘이 솟아
의기양양하고
웃음꽃 피는데

대지는 푸르고 푸르다

풍년의 계절

된서리 내리고 단풍잎 떨어지는
수확의 계절이 오니

오곡백과 무르익은 황금들녘
불어오는 소슬바람에
넘실넘실 춤추고

허수아비 아랑곳없이 새들이
옹기종기 모여
풍년 잔치를 벌인다

풍성한 결실의 수확의 계절
추수에 안간힘 다하느라
여념이 없건만

천신만고 끝에 추수를 마치고
한숨 돌리니

천하의 이태백이 부럽지 않소

허전한 마음

문을 열고 방 안에 들어가면
있던 것이 없어진 빈자리는
왠지 허전하다

떠나간 자리는 쓸쓸하고
옮겨 놓은 자리마저
허공에 흩어지고

뒤숭숭한 이내 마음 달랠 길 없구나
언제 어느 때 무엇이 비워질지
알 수 없는 인생사

있어야 할 곳이 비워지면
더욱 허전할진대

아예 없었더라면
이리도 허전한 줄 모를 것을

수술실 문밖 나니

정신이 몽롱한데 사랑하는
가족들 모습이
눈앞에 아련하다

병실로 옮겨지니 암흑은
사그라지고
정신이 맑아지는데

내 몸을 뒤척여 보니
수술한 배는
거즈로 덮인 데다

반창고로 단단히 붙여 있고
흘러나갈 고무줄이
주렁주렁 달렸구나

수술 후유증이 극심하여
사생결단인데

'뼈저린 고통이 닥치더라도
배 속의 가래를 뱉어내고
운동을 해야만 살아난다'고 하는

주치의가 당부한 천사 같은 말이
은연히 떠오른다

애수哀愁

화려한 단풍 아래 사랑을 속삭이고
부푼 가슴에 무르익은 열매가
주렁주렁 영그는데

새하얀 된서리에 우수수 낙엽 지면
영글었던 열매는
으스러지고

서릿발 뽀드득 밟힐 적마다
한없이 서러운
눈물을 짓고

황량한 대지에 삭풍이 불어오면
그리움이 사무치는
이내 마음은
애수에 잠기는구나

산촌의 독백

독수공방 긴긴밤을 홀로 지새우니
산 넘어 개가 멍멍
짖는구나
배가 고파 저리도 흐느끼며 짖는가
임 그리워 우는가

반딧불마저 삼킨 달빛은 서산을 넘고
은하수 마주한 견우직녀
임 그리워 마주하네

날 찾는 이 없는 쓸쓸한 산골짜기
낙엽만 우수수 떨어지고
사념만 소복소복
쌓이는데

하얀 밤 지새우니 먼동이 트는데
홰치는 닭 울음소리
굽이굽이 산 넘어 오네

동해의 해돋이

눈보라 휘날리는 캄캄한 밤
심산유곡을 지나고 푸르고 푸른
동해에 당도하니

동녘 하늘에 먼동이 트는데
행락객들 구름처럼 몰려
오색줄을 만들고 있다

넓고 푸른 바닷가 해맞이 공원
가까스로 다가가니

물안개 짙은 동해 바다에는
붉게 타오르는 불덩어리 같은
해가 불쑥 솟아 장관이구나

돋는 해 등지고 촛대바위 찾으니
기암괴석들 현란한데

저 멀리 군함이 바다를 지키는데
촛불 없는 촛대바위
미련이 남아도

갈 길 멀어 떠나가는 작별의 손짓
창공의 해는 저물어가고
노을 진 나그네길 되돌아가네

낙락장송

숲으로 울창했던 푸른 소나무
죽지 빠진 새들처럼
가지 휘고 뿌리 패여
웅크리고 앉아 있다

무슨 사연 그리도 많아
바위틈에 밀려나와
삭정이 늘어지고
옹이 곪아 터지구나

이 풍진 세상 묵묵히 이겨낸
거룩한 모습
새순이 쏙쏙 돋아나
무럭무럭 자라서

자자손손 내려오는 천년만년
대代를 잇는다

장하도다 낙락장송이여

세월의 바람

철 따라 불어오는 바람은
사시사철을 알리는데

세월 속으로 불어오는 바람은
걷잡을 수 없구나

고대광실에 부는 마파람
소통이 불통이네

황량한 거리에 부는 바람은
불통이 악통이 되고

민생에 부는 서글픈 바람은
악통이 고통이었다

최후의 보루는 민심이
천심인 줄도 모르고

세월은 불어오는 바람 따라
속절없이 흐르고 있구나

문경새재 넘나들이

문경새재 박달나무 보이지 않아도
다듬이 소리 들린 듯하고

과거 보러 넘나들던 오솔길
만장같이 넓어져도
주막집은 남아 있어

시원한 동동주 한 사발 마시니
우려했던 과거 응시
시름은 사라지고

장원급제한 뿌듯한 기분으로
세상이 내 것인 양
희희낙락한데

거뜬한 발걸음으로 새재를 넘어가니
과거 보는 고사장에 들어선 듯
가슴이 두근두근거리는데

장원급제 소망은 허망한 꿈이련가
돌아오는 마음은
심란하기 그지없고

가볍던 발걸음 쇠뭉치 단 듯 무거운데
우쭐했던 어깨가 죽지 빠진
새들처럼 웅크러지는구나

동동주 한 사발에 세상 시름 잊고저 하나
어버이 뵈올 면목 없어
허공을 바라보는
비통한 이내 마음
가이 없어라

인생 난항

하늘 우러러 티 없이 살려는데
얼룩진 세속이 나를 끌고
나락奈落으로 가는구나

흐르는 세월 따라 살려고 해도
양심이 가책하니
이마저 어렵구나

세속을 벗어나 초야에 머물다니
조석지변하는 문명
따를 길 없어

세상살이 난감難堪하다
인생은 고해苦海련가

내가 머무를 낙원은
그 어디에 있으려나

애꿎은 하늘만 바라본다

제5부

전원의 고별

고추잠자리

둥근 박이 뒹굴던 초가지붕
빨간 고추
지붕을 덮을 때

발가벗은 알몸으로
마당에 날아다니는

고추잠자리 잡으려
쫓아다니던

천진난만한 유년시절
눈앞에
아롱거리는구나

달 속의 어머니

낳아주고 길러주신 어매 얼굴이
대보름 달 속에
환히 비친다

하해 같은 은혜를 저버린 탓에
천추의 한이 되어
응어리지는데

명복을 빌며 사죄하다니
회한의 눈물이
하염없이 흐르네

* 생일날에.

석류

울 밑에 심어놓은 석류나무
찾아온 꽃바람에
움을 틔우고

한여름 뙤약볕에 달구어져
불그레하게
분 치장을 하더니

무엇이 애간장 태우길래
곱게 단장한
옷 벗어놓고

새빨간 속내를
씨앗이 보이도록
들춰 보이나

꽃의 향연

훈풍 불어 에워싼 전원에
진달래꽃잎 수를 놓고

꽃봉오리 잦아진 빈자리에
능금꽃이 화사하다

벌 나비 꿀을 찾는 아카시아 꽃이
향기를 풍기고 나면
밤꽃이 한들거린다

꽃의 향연이 지나가면
꽃향기에 취한 이 몸도
한 송이 꽃으로
활짝 필거나

화분에 핀 매화

덩치 큰 밑둥은 거칠고 차가워도
군자의 기품이 우러나오고

가냘픈 가지는 말이 없어도
춘기春氣를 뿜어내는데

기다리고 기다리던 붉게 핀 매화
애인을 만난 듯 반갑고

그윽한 향기는 집 안에 가득한데

춥고 가난해도 향기는 팔지 않는
절개가 갸륵하구나

매화꽃 향기가 너무나 좋아
냄새를 맡으러 가던 코
살며시 물러남은

지조 높은 선비의 품행이어라

산비탈의 들국화

기름진 옥토가 많고도 많은데
메마른 산비탈에
들국화가 피었다

비옥한 땅에 핀 들국화는
향기가 없다고 하던가
어찌하여 산비탈에 피었나

오고 가는 사람들이 두려워
산비탈에 숨어서
소롯이 피었나

부귀와 공명을 탐내지 않는
'은군자' 이기에
숨어서 피었구나

먼 훗날 그날이 오면
내 곁에 마주 앉아
고운 꽃 피우고

그윽한 향기 뿜어 주려나

금강산 교예단

교예가 무엇일까 찾아드니 서커스다
신출귀몰한 재주를 펼치느라
공중을 훨훨 날고 무대 위를
뱅뱅 돈다

다람쥐 더한 재주 어찌 그리 신묘할까
간담이 싸늘하고 탄성이 울리는데
어린 소녀 애처롭고
어린 소년 영특하다

갈라진 겨레이나 동포애의 피가 흘러
이심전심 상통하고 눈빛으로 전해지니
혈육임을 깨닫고
한마음이 되는구나

'고향의 봄' '우리의 소원'의 노래로
향수에 젖어들고 통일을 기원하니
분단조국에 한맺힌 설움의 눈물이
하염없이 흐른다

첫 추위

화려한 오색 단풍잎 우수수 떨어지고
삭풍 이는 엄동설한을
알리는 한파寒波
살갗 파고드는 뒤바람은 싸늘하고
쏟아지는 된서리에
야윈 숲은 아스러지고

잎새마다 바르르 떨며 앙탈 부리는
이파리들의 울부짖음
참으로 애처롭구나

봄 따라 온 새들은 멀리 떠나버리고
겨울에 오는 새가
둥지를 틀고 있다

가을걷이에 골몰한 이 한 몸
몸 둘 바 모르는데
첫 추위는 속절없이 다가오고 있다

전원의 고별

오랜 세월 몸 담아온 전원인데
노쇠로 고별하니
서운하기 그지없다

에워싼 능선은 만고의 병풍이고
늘 푸른 하늘은
더없는 지붕인데

끊이잖는 새소리 바람소리는
다 함께 부르는
풍악이었다

사과가 영그는 기름진 옥토는
심신을 도야하는
전당이었고

시상이 우러나는 보고였다

한 생의 낙으로 삼아온 낙원을
훌훌히 떠나야 하니
이별이 아쉬워

눈물이 핑 도는구나

애달픈 신음소리

만고풍상 함께하고 백년해로
가약한 사랑하는 아내

속절없이 흐르는 세월에
찾아드는 육신의
몹쓸 지병으로

사경에 이르렀는데
천신만고 끝에
연명하게 되었으나

주야장천 들려오는 신음소리
애처롭기 가이없구나

한 번 가면 다시 못 올 인생이라
사위도록 타들어가는
이내 마음

사생이 유명이라
애달프기 그지없다
신음소리 끊이잖아

눈물의 샘

사소한 감명에도 눈물이 잦아

민망할 때가 흔한데

막을 수 없구나

마음이 약한 탓일까

정의 골이 깊은 탓일까

가슴을 비집고 보니

따뜻한 가슴에 솟아나는

눈물의 샘이 새록새록

넘치고 있네

여보게 친구야

여보게 친구야
바둥바둥 살아봐도
별 내락 없더라

유수 같은 세월인 줄
진작 알았다면
흥청망청 살아볼 걸

때늦은 후회라
탄하여 무엇하나
무덤 곁 할미꽃이
기다리는데

자그락거리지 말고
거드럭거리며
살아나보세
한 세상 떠나기 전에

생지옥

수려한 금수강산의 대지는
생몸살 앓고 있다

사람의 무덤이 엎치는데
쓰레기는 덮치고

불지옥에는
구제역으로 산 짐승들이
떼죽음에 한 서린 세월

구천을 맴도는
사람의 생지옥으로
몸과 마음도 병들어가고

겉만 번지레한 인생살이
속은 온통 곰삭고 있다

살기 좋은 세상 그립구나
지상낙원으로 천국의 계단을
밟고 싶어라

산촌의 서정抒情

기적소리 울고 넘는 꾸불꾸불한
죽령굴을 지나니

만산홍엽이 우수수 흩날리고
지다가 남은 단풍잎이
바르르 떨고 있다

손 흔들어 주는 산골짝 아이는
애처롭기 그지없는데

어미 찾는 송아지 울음소리에
기적소리 아우리어
산촌에 울려퍼지고

먹이 찾는 독수리 한 마리가
드높은 창공에
유유히 떠 있는데

계곡의 물은 졸졸 흐르고
즐비례한 무덤은 말이 없구나

무상한 인생

떠오르는 햇볕에 눈부시는 날
솔바람 매만진
창연한 전원에는
능금꽃이 화사하다

마음 설레게 하는 꽃을 볼 때는
더없이 행복했는데
소슬바람 스쳐가니
앙상한 가지만 남았네

혹한이 물러간 빈자리
새 움 트는 소리 들리고
산속에 숨어 있는
뻐꾸기 봄을 알린다

계절은 거르지 않고 찾아 오가는데
무상한 인생은 속절없이
흘러만 가는구나

봉황산 부석사

만산홍엽에 싸인 봉황산 부석사
그윽한 풍경소리 흘러나오고
부처님 영겁의 세월 가슴 차는데

사천왕루 거쳐 안양루에 오르니
천고불후의 무량수전이
가객佳客을 맞는구나

무량수전 안의 아미타불 부처님 곁에
수많은 부처들의 촛불에
자비심이 우러나오고

아미타불 부처님께 겸허히 참배하니
세속에 쌓인 번뇌가
씻어진 듯 후련하다

조사단 옆 의상조사 지팡이 자리
선비화가 일렁거리고

서쪽으로 돌아가니 부석浮石이라 새겨진
너럭바위가 작은 바위 타고
호사豪奢하는데

경境 밖에 나오니 도를 닦은 달인이 된 듯
세속의 번뇌는 말끔히
씻기어 가는구나

덤으로 사는 인생

사경을 헤매이다 재생의 문을 여니
세상은 광명하고

강산은 수려한데 눈 닿는 곳곳마다
눈시울 붉히도록
감개무량하다

보금자리 찾아드니 가족들은
시름을 놓고
안도의 한숨 쉬는데

정성껏 가꾸어 온 사랑의 과수원
화사한 능금꽃이
반가이 맞는구나

덤으로 살아갈 낙원이
예 아니고 어디에
또 있을까

태백산 주목나무

태백산 천제단 오르는 길섶에
살아 천년 죽어 천년 산다는

벌거벗은 아름드리 주목나무
기교를 다하고 있다

그 모습 바라보니 긴 세월 살아온
인고의 여운이 역연한데

위대한 예술은 세월이 가도
변함이 없는데

북풍한설 몰아치는 태산준령에
알몸으로 견디어 온
영묘한 조각에는

태백산 정기 받아 반만년 누려온
고결한 겨레의 얼이
자자손손 번창하길
하늘가에 기원하고 있구나

고향 그리워

동구밖 들어서니 삼신당 노송은
가지 휘고 뿌리 패어
오랜 연륜을 자랑하고

동사의 노송 아래 쌓여 있는 돌탑은
이끼 끼어 덮인데도
마을을 지키누나

마을 안 바라보니 유서 깊은 고택
대문을 활짝 열고
환히 내다본다

휘늘어진 나무에 궁궁이 머리에 꽂은
처녀들 치맛자락 펄럭이며
그네를 뛰고 있다

마을 앞 볏짚가리에 숨바꼭질하고
대문 밖 얼음 논에는
또래들이 팽이 치고 썰매 탄다

뒷동산 쳐다보니 연 날리는 또래들이
북적이며 뛰놀고 있는데
꿈이런가 생시인가?

대문을 들어서니 유서 깊은 고택
내 고향 우리 집은 켜켜이
허물어져 가는데도

반갑게 맞을 이는 보이지 않는구나
그 언제나 우리 가족
도란도란 옛 이야기 나누며

오순도순 정답게
살아볼 날 있으려나

문학세계대표작가선 747

시는 꽃이다

남대석 제3시집

인쇄 1판 1쇄 2015년 7월 28일
발행 1판 1쇄 2015년 8월 5일

지 은 이 : 남대석
펴 낸 이 : 김천우
펴 낸 곳 : 도서출판 천우
등 록 : 1992. 2. 15. 제1-1307호
주 소 : 서울시 성동구 무학봉28길 6 금용빌딩 2F(하왕십리동 966-23)
전 화 : 02)2298-7661
팩 스 : 02)2298-7665
http://www.moonhaknet.com
E-mail : chunwo@hanmail.net

값 12,000원

ISBN 978-89-7954-602-6